# hurt to heal

nohémie rémy

Hurt to Heal


tellwell

Tellwell Talent
www.tellwell.ca

ISBN
978-0-2288-3434-2 (Hardcover)
978-0-2288-3433-5 (Paperback)

# hurt to heal: Content

## Poem I: A real fairy tale

Our relationship was only
ephemeral while I always
believed that our love was
eternal.

Notre relation ne fut
qu'éphémère alors que
j'ai toujours cru que notre
amour était éternel.

*-French Translation*

You sold me a dream, the most beautiful dream, a crazy dream.

Tu m'as vendu un rêve, le plus beau des rêves, un rêve de fou.

*-French Translation*

In this dream, we were happy. In this dream, we were married, we had children and we grew old together until our souls extinguished on earth.

Dans ce rêve, nous étions heureux. Dans ce rêve, nous nous mariions, nous avions des enfants et enfin nous vieillissions ensemble jusqu'à ce que nos âmes s'éteignent sur terre.

*-French Translation*

This dream was truly a fairy tale. The kind of tale that we tell children during early childhood.

Ce rêve était un véritable conte de fée. Le genre de conte qu'on raconte dès la petite enfance.

*-French Translation*

However, that dream quickly shattered. As soon as you started to put me aside. As soon as with you, I felt alone even though you were right by my side.

Toutefois, ce rêve s'est très vite écroulé. Aussitôt que tu as commencé à me mettre de côté. Aussitôt qu'avec toi je me sentais seule malgré que tu étais à mes côtés.

*-French Translation*

As soon as you looked elsewhere, as if the love I had given you had no value to your eyes.

Aussitôt que tu cherchais ailleurs, comme si l’amour que je t’avais offert n’avais plus aucune valeur à tes yeux.

*-French Translation*

## Self-reflection

You didn't speak my language. How could I expect you to read the desires of my heart?

You wanted to build a life with all the things attached to a wife, without the commitment.

## Auto-réflexion

Tu ne parlais pas ma langue. Comment pouvais-je m'attendre à ce que tu lises les désirs de mon cœur?

Tu as voulu construire une vie avec tout ce qui était attaché à une épouse, sans l'engagement.

*-French Translation*

## Poem II: Where there is a lack of love, infidelity germinates

Never dare say that our love was meant to be ruined from the start.

N'ose jamais dire que notre amour était destiné d'être ruiner dès le départ.

*-French Translation*

Never dare say that our
relationship rested simply on
the desire for the flesh.

N'ose jamais dire que notre
relation reposait simplement
sur le désir de la chair.

*-French Translation*

Above all, never dare to say that it was my fault that our relationship deteriorated, little by little, leading to its end.

Surtout, n'ose jamais dire que c'est ma faute si notre relation s'est détériorée petit à petit et a fini par s'achever.

*-French Translation*

Since, these are all excuses and pretexts to explain the fact that you had never learned to love. Yet, you told me so.

Ce ne sont que des excuses et des prétextes pour expliquer le fait que tu n'as jamais appris à aimer. Pourtant, tu me l'avais dit.

*-French Translation*

## Self-reflection

I was promised a false future with you, to keep me
by your side, for your own selfish reasons.

For me, it was over once you laid your eyes on other women
the way you used to look at me in the beginning of the
relationship. I had to do myself a favor and walked away.

## Auto-réflexion

Tu m'as promis un faux avenir avec toi, pour
me garder à tes côtés, par égoïsme.

Pour moi, c'était terminé dès que tu as posé tes
yeux sur d'autres femmes, de la même façon que
tu me regardais au début de notre relation. J'ai
dû me faire une faveur et je suis partie.

*-French Translation*

## Poem III: Sincerely, your cake

Even though I was the shoulder on which you rested your head
when you were going through difficult times.

J'aurais eu beau être l'épaule sur laquelle tu appuyais la tête
lorsque tu traversais des moments difficiles.

*-French Translation*

Even though I wrapped my arms around you like a vine and
invaded your body with a forest cover of kisses.

No matter how much I whispered thousands of *I love you* in
your ear, that would have never been enough.

J'aurais eu beau entourer mes bras autour de toi comme une
vigne et envahir ton corps d'un couvert forestier de bisous.

J'aurais eu beau te souffler des milliers de *je t'aime* à l'oreille,
cela n'aurait guère suffit.

*-French Translation*

Since you wanted to taste freedom. This desire was greater in you than anything else, because you had been deprived of it for so long.

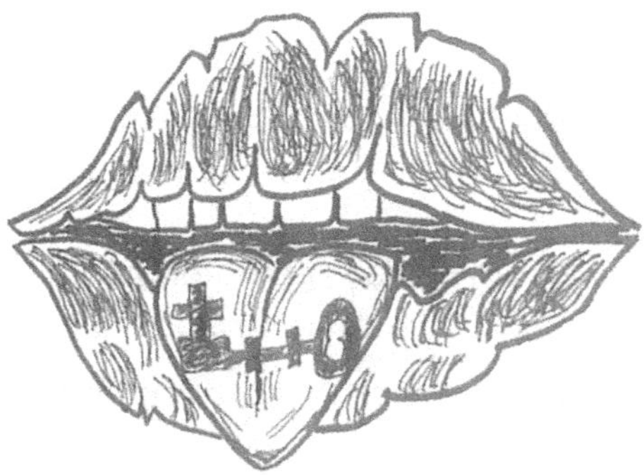

Vu que tu souhaitais goûter la liberté. Ce désir était plus grand chez toi qu'autre chose, puisque tu en avais été privé si longtemps.

*-French Translation*

However, you had the freedom to make a decision and the one you made cost you my presence in your life.

Cependant, tu avais la liberté de prendre une décision et celle que tu as prise t'a coûté ma présence dans ta vie.

*-French Translation*

**Self-reflection:**

I let my love for you blind me from the way you were treating me. I had to accept the circumstances as they were right now. That's when I decided to leave.

I will never be able to convince you to love me back the way I loved you deeply. The sooner I realized this, the sooner my heart was liberated.

## Auto-réflexion

Mon amour pour toi m'a empêchée de voir la façon dont tu
me traitais. J'ai dû accepter les circonstances telles qu'elles
étaient et c'est à ce moment-là que j'ai décidé de partir.

Je n'aurai jamais pu te convaincre de m'aimer aussi
profondément que je t'aimais. Dès que je m'en
suis rendu compte, mon cœur a été libéré.

*-French Translation*

## Poem IV: Your piercing green eyes

I asked you several times,
if I had anything to worry
about.

You always told me that, I
didn't have to worry, looking
at me fixed in the eyes.

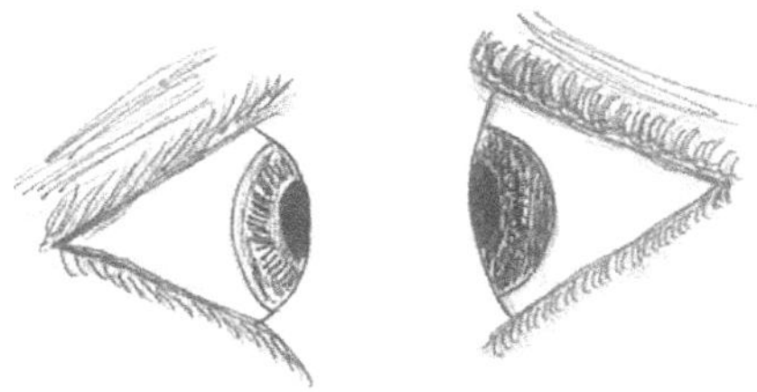

Je t'ai demandé à plusieurs
reprises, si je devais
m'inquiéter.

Tu me disais toujours que
non, en me regardant fixe
dans les yeux.

*-French Translation*

Although, the energy you exuded, suggested otherwise.

It's as if every time you told me a lie, you believed that by not hesitating, I would end up naively believing you.

Même si l'énergie que tu dégageais indiquait autre chose.

C'est comme si à chaque fois que tu me racontais un mensonge, tu croyais qu'en n'hésitant pas, je finirai par te croire naïvement.

*-French Translation*

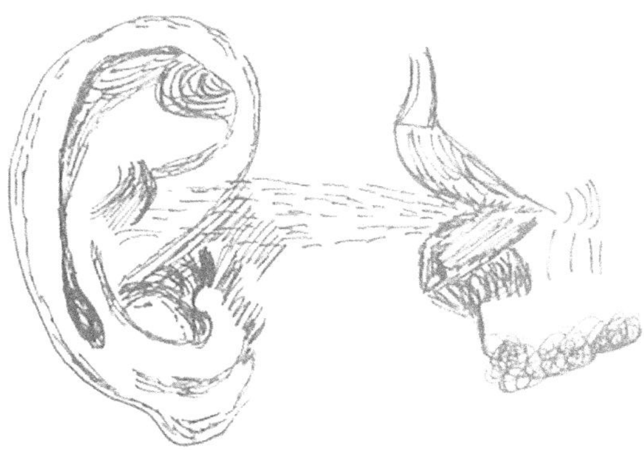

However, you forgot one thing, darling. Over time, I learned to discern your lies from reality.

It was more painful for me to admit that you were no longer the same person as before, than to admit that you had abused of my trust.

Mais tu as oublié une chose, mon chéri. Avec le temps, j'ai appris à discerner tes mensonges de la réalité.

Il était plus pénible pour moi d'admettre que tu avais changé plutôt que de d'avouer que tu avais abusé de ma confiance.

*-French Translation*

This is what caused me so much pain.

C’est justement cela qui m’a causé autant de peine.

*-French Translation*

## Self-reflection

I learned that secrecy is the root of all unfaithfulness. I knew about the one you tried to hide so miserably.

When you tried to hide your wicked intentions, the knowledge that the truth always seeks the light, gave me peace. It was only a matter of time.

## Auto-réflexion

J'ai appris que les secrets sont la racine de l'infidélité. J'ai découvert celles que tu as tant essayé de me cacher.

Lorsque tu essayais de dissimuler tes mauvaises intentions, l'idée de savoir que la vérité cherche toujours la lumière, m'a donné la paix. Ce n'était qu'une question de temps.

*-French Translation*

## Poem V: A void that I will fill

After leaving you, a void was created in my heart. A void that I have yet to fill.

Quand je t'ai quitté, un vide s'est créé dans mon cœur. Un vide que je n'ose toujours pas combler.

*-French Translation*

I genuinely believed that you were my best friend, but I soon realized I was wrong.

I was often told that you were only my first lover and that I would find another.

J'ai sincèrement cru que tu étais mon meilleur ami, mais je me suis très vite rendu compte que j'avais tort.

On me disait souvent que tu n'étais que mon premier amant et que j'en trouverai un autre.

*-French Translation*

However, I had been attached for a long time to the idea that you were my last.

Cependant, je m'étais depuis longtemps attachée à l'idée que tu serais également le dernier.

*-French Translation*

I had to get this idea out of my thoughts, while accepting what had been done to me.

This was truthfully,
the hardest step in my healing journey.

Il a donc fallu que je m'enlève cette idée de la tête, tout en acceptant ce qui m'était arrivé.

En vérité, cette étape fut la plus difficile à franchir dans mon cheminement vers la guérison.

*-French Translation*

## Self-reflection

I gave the relationship an ocean filled of my love, my affection, my kindness, my hope, my compassion, my trust, my truth and my forgiveness only to receive disappointment in return. I had to let you go. I did all I could do.

I was worth so much more than the late-night crying sessions, the daily overthinking about potential other women and the late and dry responses.

## Auto-réflexion

J'ai donné à notre relation un océan rempli de mon amour, mon affection, ma gentillesse, mon espoir, ma compassion, ma confiance, ma vérité et mon pardon pour ne recevoir que de la déception en retour. Alors, je devais te laisser partir. J'avais fait tout ce que je pouvais.

Je valais bien plus que les séances de pleurs tard le soir, la réflexion quotidienne à propos des autres femmes potentielles et les réponses tardives et sèches.

*-French Translation*

## Poem VI: A defective compass

Sometimes I evoke our dearest memories, shared together.
Sometimes I just want to forget you from my thoughts.

Parfois, j'évoque nos souvenirs les plus chers, vécus ensemble.
Parfois, je ne cherche qu'à t'oublier.

*-French Translation*

Sometimes my heart fills with joy when I remember our long reflective conversations.

Parfois, mon cœur se remplit de joie lorsque je me souviens de nos longues conversations réflectives.

*-French Translation*

Sometimes I feel deep sadness when I think of the time when you neglected my love. Sometimes I'm under the impression that I'm disorientated.

Parfois, je ressens une profonde tristesse lorsque je pense au moment où tu as négligé mon amour. Parfois, j'ai l'impression d'être désorientée.

*-French Translation*

A different wave of emotion invades my body every day.

Une vague d'émotions différentes envahit mon corps tous les jours.

*-French Translation*

Love, how can I love you after you turned my life upside down? Anger, why did I reveal to you the real me? Guilt, how did I not know that you were dishonest? Anxiety, why are you in my thoughts so often?

L'amour, comment pourrais-je encore t'aimer alors que tu as bouleversé ma vie? La colère, pourquoi t'avoir révélé qui suis-je réellement? La culpabilité, comment n'ai-je pas pu savoir que tu étais malhonnête? L'angoisse, pourquoi es-tu dans mes pensées aussi souvent?

*-French Translation*

## Self-reflection

I had to let myself feel all my emotions, as raw and as uncomfortable as they were. It's a part of the healing process.

I've learned that sometimes we want things to work out so bad that we are willing to sacrifice our own happiness and wellbeing. It's time to heal from our pass with forgiveness to allow a new perspective in our lives.

## Auto-réflexion

Je devais me laisser ressentir toutes mes émotions,
aussi brutes et inconfortables qu'elles le soient.
Cela fait partie du processus de guérison.

J'ai appris que parfois nous voulons tellement que les choses s'arrangent que nous sommes prêts à sacrifier notre bonheur et notre bien-être. Il est temps de guérir de notre passé avec le pardon pour permettre une nouvelle perspective dans notre vie.

*-French Translation*

**Poem VII: I only wanted ...**

It is a plain and simple cliché to say that I loved you with all my heart and you know it.

C'est un cliché pur et simple de dire que je t'aimais de tout mon cœur et tu le sais.

*-French Translation*

I only wanted your good. I only wanted you to fulfill your greatest aspirations and your greatest desires. Even if they were not clearly identified.

Je n'ai voulu que ton bien. J'ai seulement voulu que tu accomplisses tes plus grandes aspirations et tes plus grands désirs. Même s'ils n'étaient pas clairement définis.

*-French Translation*

I thought you were destined to do great things. I believed in your potential.

Car, je croyais que tu étais destiné à faire de grandes choses. Je croyais en ton potentiel.

*-French Translation*

I never wanted any material goods from you, because what truly mattered to me was spending time with you, doing nothing, on the couch.

Je n'ai voulu aucun bien matériel de ta part, car ce qui me préoccupait le plus était de passer des moments avec toi à ne rien faire sur le divan.

*-French Translation*

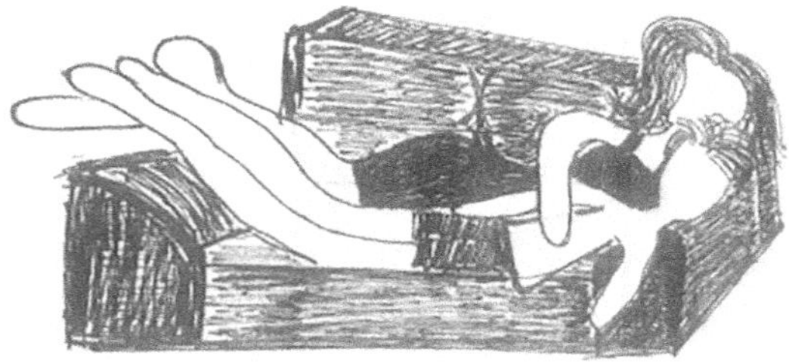

I only wanted to feel the warmth of your tender hugs. I only wanted to feel your arms swaddle my chest.

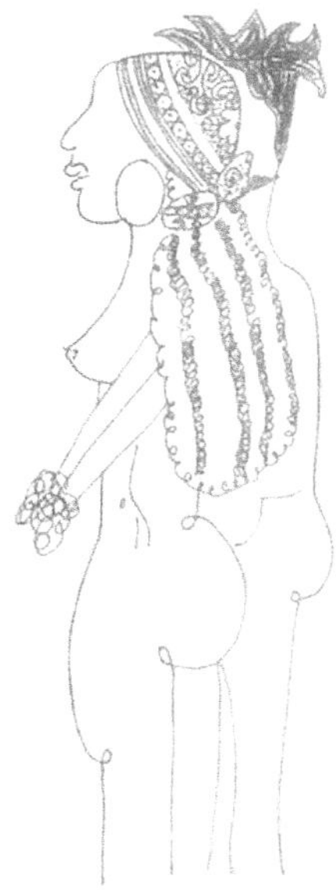

Je n'ai voulu que ressentir la chaleur de tes câlins si tendres. Je n'ai voulu que ressentir tes bras emmaillotés autour de mon torse.

*-French Translation*

I only wanted to hear your voice over the phone.

Je n'ai voulu qu'entendre le son de ta voix à travers le téléphone.

*-French Translation*

Was I demanding so much from you? Did I deserve your contempt? Today, I want to tell you that I forgive you.

Ai-je exigé trop de ta part? Ai-je mérité ton mépris? Aujourd'hui, je tiens à te dire que je te pardonne.

*-French Translation*

I understand now, that when you were mad at me, it was your way of expressing fear of an uncertain future.

J'ai compris que ta colère envers moi était ta façon d'exprimer la peur d'un futur incertain.

*-French Translation*

I understand now, that you were looking to be accepted by people who had a preconceived idea of who you were, before knowing who you really were, as a person.

J'ai compris que tu cherchais à te faire accepter auprès de gens qui avaient de toi une idée préconçue.

*-French Translation*

I understand now, that you were pushing me away in order to suppress your feelings for me, by fear that I would abandon you.

J'ai compris que tu me repoussais afin de supprimer tes sentiments pour moi par peur que je t'abandonne.

*-French Translation*

## Self-reflection

I realized that if your hands get bitten by the one you loved, to remember that fear paralyzes love.

I've learned that Individuals in desperate need of escaping to find freedom can't be devoted partners. Their eyes are focused on what is going to benefit reaching this goal.

I've also learned that your goals and aspirations shouldn't scare them away. If they do, it's a reflection of the investment they've made in theirs. Or, they see the power that you hold and might think that you won't have space for them in your life. It could be both.

## Auto-réflexion

J'ai réalisé que si vos mains ont été mordues par celui que vous aimiez, sachez simplement que la peur paralyse l'amour.

J'ai appris que les individus qui ont désespérément besoin de s'échapper pour trouver la liberté ne peuvent pas être des partenaires dévoués. Leurs yeux sont concentrés sur ce qui va leur permettre d'atteindre cet objectif.

J'ai également appris que vos objectifs et vos aspirations ne devaient pas les effrayer. Si cela est le cas, ce n'est que le reflet de l'investissement qu'ils ont fait dans les leurs. Ou alors, ils se rendent compte du pouvoir que vous détenez et peuvent penser que vous n'aurez pas d'espace pour eux dans votre vie. Ça peut aussi être les deux.

*-French Translation*

## Poem VIII: The balance

You learned to survive while I learned to live. You learned to doubt while I learned to trust.

Tu as appris à survivre tandis que j'ai appris à vivre. Tu as appris à douter tandis que j'ai appris à faire confiance.

*-French Translation*

You learned to give to receive while I learned to give without receiving. You learned to hide your faults while I learned to share mine with you. You learned to judge while I learned to understand. You learned to control while I learned to be free-spirited.

Tu as appris à donner tout en recevant tandis que j'ai appris à donner sans recevoir. Tu as appris à cacher tes défauts tandis que j'ai appris à partager les miens. Tu as appris à juger tandis que j'ai appris à comprendre. Tu as appris à contrôler tandis que j'ai appris à être libre d'esprit.

*-French Translation*

You learned to handle circumstances while I learned to accept things as they are.

Tu as appris à manipuler les circonstances tandis que j'ai appris à accepter les choses comme elles sont.

*-French Translation*

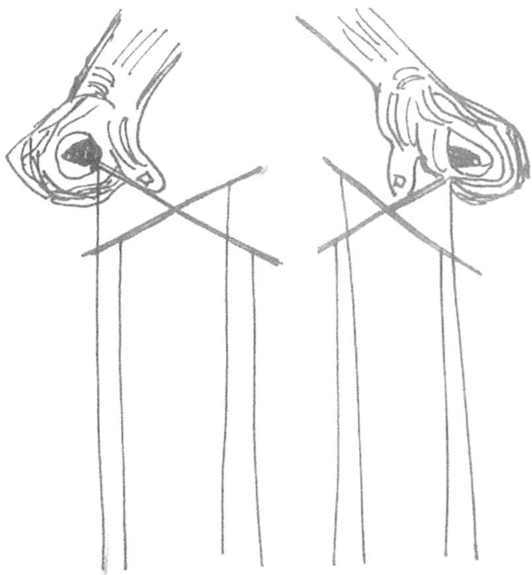

Despite these differences,
we loved each other.

Malgré ces différences, on
s'aimait.

*-French Translation*

Yet, your love was conditional
while my love was borderless.

Mais ton amour était conditionnel
alors que le mien était sans
frontière.

*-French Translation*

## Self-reflection

Our values weren't in alignment with one another.

The love and energy I gave weren't reciprocated.
That's when I realized that it wasn't worth fighting
for anymore. I had nothing left to give.

I still wish you a happy ending despite
everything I've been through.

## Auto-réflexion

Nos valeurs étaient en contradiction.

L'amour et l'énergie que j'ai donnés n'étaient pas réciproques.
C'est à ce moment-là que j'ai réalisé que ça ne valait plus
la peine de se battre. Je n'avais plus rien à donner.

Je te souhaite toujours une fin heureuse
malgré tout ce que j'ai vécu.

*-French Translation*

## Letter from the Author

How do you feel now that you have finished this collection of poems? Pause for a minute or two. Inhale and exhale slowly. Gather your thoughts together in silence. I want you to reflect on the parts of the book that made you feel something the most, whether it made you sad, triggered a part of you or made you reminisce old times with someone you loved that is no longer in your life. Picture that memory in your head. Now, I want you to let it go.

What do I mean by letting go? I mean forgive them for the hurt they have caused you. It means to accept that they are no longer in your life. It also means to wish them well in order to get rid of the pain in your heart.

I want you to look forward to all the beautiful things that life has to offer you, just like I did. Re-discover parts of yourself that you forgot about. Learn new skills such as learning a new language, learning a new genre of dance, learning how to draw, learning how to paint or learning how to cook. Find yourself again. Create your own happiness. I promise you life gets sweeter. Once you have completely healed and learned to love yourself fully again, you will find love again.

Love Nohémie

## Mots de l'auteure

Comment vous sentez-vous maintenant que vous avez terminé ce recueil de poèmes? Faites une pause d'une minute ou deux. Inspirez et expirez lentement. Rassemblez vos pensées en silence. Je veux que vous réfléchissiez aux parties du livre qui vous ont le plus touchés, que cela vous ait rendus tristes, ait ww quelque chose en vous ou vous ait rappelé les temps passés avec quelqu'un que vous aimiez et qui n'est plus dans votre vie. Imaginez ce souvenir dans votre tête. Maintenant, je veux que vous lâchiez prise.

Qu'est-ce que je veux dire par lâcher prise? Je veux dire pardonnez-leur pour le mal qu'ils vous ont causé. Cela signifie accepter qu'ils ne fassent plus partie de votre vie. Cela signifie aussi leur souhaiter bonne chance afin de se débarrasser de la douleur dans votre cœur.

Je veux que vous croyiez en toutes les belles choses que la vie peut vous offrir, tout comme je l'ai fait. Redécouvrez des parties de vous-même que vous avez oubliées. Apprenez de nouvelles compétences comme une nouvelle langue, un nouveau genre de danse, dessiner, peindre ou cuisiner. Retrouvez-vous. Créez votre propre bonheur. Je vous promets que la vie devient plus douce. Et une fois que vous aurez complètement guéri et réappris à vous aimer pleinement, vous retrouverez l'amour.

Avec amour Nohémie

## About the Book

I like to find the time to write what is on my mind which translates into poems. *Hurt to Heal* came into existence after a breakup. This book brings you along my personal experience of a heartbreak. One must hurt (face your emotions) to be able to heal (free yourself pain) from a heartbreak. In the book, the poems are also presented in way that transitions progressively from a place of hurt to a place of healing accompanied by multiple self-reflections in between each poem. These self-reflections come from a place of healing, clarity and new perspective. I hope that my poems can help whoever in their healing journey.

## À propos du livre

J'aime trouver le temps de traduire en poèmes ce qui est dans mes pensées. *Être blessée pour guérir* a vu le jour après une rupture amoureuse. Ce livre vous transporte dans mon expérience personnelle de la peine d'amour. Il faut être blessé (affronter ses émotions) pour pouvoir guérir (se libérer de la douleur) d'une peine d'amour. Dans le livre, les poèmes sont présentés de manière à passer progressivement d'un lieu de peine à un lieu de guérison avec de multiples auto-réflexions entre chaque poème. Ces auto-réflexions viennent d'un lieu de guérison, de clarté et de nouvelle perspective. J'espère que mes poèmes pourront aider quiconque dans son cheminement vers la guérison.

## About the Author

Nohémie Rémy is a young adult who was born and raised in Canada's capital. She has a bachelor's degree in Science from the University of Ottawa. A couple of months after her convocation ceremony, she landed a position as a public servant.

She is young poet who recently entered the poetry world. Poetry soon became her way of healing after a breakup. She attempted to heal on her own by reading quotes, watching motivational videos, listening to podcasts about relationships and asking advice from friends and family. All these tools helped her heal little by little but ultimately none of these tools helped her like writing her emotions on a piece a paper. Poetry became her escape from the pain she felt while in her relationship and after it ended. It became a way of healing, a way of dealing with what she kept inside her for so long. She wanted to share her experiences through the poem collection with the world, in hopes of helping others who have been through similar circumstances as her and who cannot find a way to express how they feel.

## À propos de l'auteure

Nohémie Rémy est une jeune adulte qui est née et a grandi dans la capitale du Canada. Elle détient un baccalauréat en science de l'Université d'Ottawa. Quelques mois après sa cérémonie de convocation, elle a décroché un poste de fonctionnaire.

C'est une jeune poète récemment entrée dans le monde de la poésie. Ce moyen d'expression est rapidement devenu sa façon de guérir d'une peine d'amour. Elle a tenté de guérir par elle-même en lisant des citations, en regardant des vidéos de motivation, en écoutant des podcasts sur les relations amoureuses et en demandant des conseils à ses amis et à sa famille. Tous ces outils l'ont aidée à guérir petit à petit mais finalement aucun d'eux ne l'a autant aidée que celui d'écrire ses émotions sur un morceau de papier. La poésie est devenue son échappatoire à la douleur ressentie pendant sa relation et après sa rupture. C'est devenu sa manière de guérir, sa manière de gérer ce qu'elle a gardé si longtemps en elle. Elle a voulu partager ses expériences avec le monde à travers ce recueil de poèmes dans l'espoir d'aider les personnes qui ont vécu des histoires similaires et qui n'ont pas trouver un moyen d'exprimer ce qu'elles ressentent.